AF603152

Extrait du Bulletin de la Société de Géographie.
(Avril 1846.)

Examen de la route que suivaient, au IXe siècle de notre ère, les Arabes et les Persans pour aller en Chine, d'après la relation arabe traduite successivement par Renaudot et M. Reinaud;

Par M. L.-F. ALFRED MAURY.

La détermination des lieux indiqués dans la relation arabe qui a été traduite par Renaudot et M. Reinaud, présente de sérieuses difficultés; elle forme cependant à nos yeux un des problèmes les plus intéressants que puisse offrir la géographie du IXe siècle. Comme l'itinéraire qui se trouve indiqué dans cette relation est le plus ancien document géographique émané des Asiatiques occidentaux que nous possédions sur l'Inde et la Chine, il importe d'en préciser les différents points aussi rigoureusement que nos connaissances nous le permettent. D'ailleurs les détails que cette relation renferme sont en grande partie fournis par un marchand persan, Soleïman, qui avait fait lui-même le voyage de Chine; il y a donc lieu de penser qu'ils sont exacts. Mais, quels qu'ils puissent être, leur valeur est toujours plus grande que celle d'aucun autre document consigné chez les géographes arabes postérieurs; ceux-ci, en effet, écrivaient loin des parages qu'ils faisaient connaître, et leurs renseignements étaient souvent incomplets ou infidèlement recueillis. M. Reinaud, dans la nouvelle traduction qu'il vient de donner de cette relation, a franchement abordé le problème devant lequel Renaudot avait reculé ; il s'est efforcé d'éclaircir, à l'aide de sa riche érudition, les difficultés nombreuses que cette détermination géographique présente. Tout en reconnaissant le mérite et l'intérêt des recherches du savant académicien, nous devons dire cependant que plusieurs points de la relation nous ont semblé offrir, même après ses éclaircissements, quelque obscurité; il ne faut sans doute en accuser que le peu de précision des désignations du voyageur arabe. Il suffisait à M. Reinaud d'avoir abordé et résolu les questions générales ; quant aux questions de détails, il n'est point étonnant qu'il n'ait pu y apporter tous les soins que nous allons mettre à l'une d'elles. S'il se présente encore dans ses déterminations des inexactitudes, ou du moins des doutes, n'oublions pas que ce savant ne se flatte pas d'avoir épuisé le sujet. Il convient avec une rare modestie qu'il n'a pu d'un coup trancher toutes les difficultés, et il nous a personnellement encouragé à essayer d'éclaircir les incertitudes qui règnent encore sur une partie de l'itinéraire indiqué dans la *Chaîne des chroniques*. Si donc nous allons montrer que la route tracée par M. Reinaud entre Syraf et Khan-Fou, est susceptible de modifications importantes, c'est que son propre travail a rendu ces rectifications possibles ; et ceci est la meilleure preuve de l'utilité de la publication de ce savant orientaliste et de la reconnaissance qu'on doit lui en témoigner, puisque ceux-là mêmes qui combattent ses idées ont reçu de lui une partie des armes dont ils font usage.

Selon l'habile orientaliste dont la traduction nous sert de guide (1), la mer d'Herkend s'étendait depuis les Maldives jusqu'à la chaîne de rochers qui s'avance

(1) Introduction, p. LXVIII.

du continent indien vers l'île de Ceylan, et qu'on nomme le pont d'Adam. Cette circonscription nous semble ne pas s'accorder avec ce qui est dit de cette mer au commencement de la relation (1). Citons, en effet : Cette mer renferme dans la même direction que Sérendyb quelques îles qui ne sont pas nombreuses, mais qui sont très vastes, et dont on ne connaît pas l'étendue précise. » Or, dans les limites entre lesquelles M. Reinaud place la mer d'Herkend, il ne se rencontre pas d'îles auxquelles puissent s'appliquer ces deux observations. De plus, si ces îles sont dans la même direction que Sérendyb, c'est-à-dire si elles se présentent à un navire venant de l'ouest et allant en Chine, à peu près à la même latitude que Ceylan, mais naturellement au-delà de cette île, elles doivent être situées plus à l'est, et dès lors au-delà de la mer d'Herkend, telle qu'elle a été définie par le savant académicien.

D'après la relation, il semblerait plutôt que ces îles sont celles de la Sonde, placées aux yeux des Arabes, peu rigoureux en fait de latitude, environ sous le même parallèle que Ceylan, peu nombreuses, et dont plusieurs sont effectivement très vastes. Cette remarque tend à nous faire supposer que loin de se terminer au pont d'Adam, la mer d'Herkend s'étendait des Maldives à la côte N. et N.-O. de Sumatra, à la pointe d'Achen par exemple. Cette supposition va être bientôt confirmée par des rapprochements plus significatifs. La relation ajoute qu'au nombre de ces îles est celle que l'on nomme *Al-Ramny*, qui est partagée entre plusieurs rois, et dont l'étendue est de 800 à 900 parasanges. Pour M. Reinaud, cet Al-Ramny est l'île de Manaar, réunie, si l'on veut, à plusieurs îles. Mais l'étendue assignée par Soleïman est bien vaste pour d'aussi

(1) Relation, trad., t. I, p. 6.

petites îles. Il est vrai qu'Abou-Zeid parle plus loin de parasanges carrés; mais lors même qu'il en serait ainsi, cette superficie serait encore trop considérable pour des îles telles que Manaar et ses adjacentes. Si réellement, comme le pense M. Reinaud, les navires arabes fréquentaient le détroit de Palk, il leur était facile de faire le tour de ces îles, ou d'être informés par les gens de la côte, de leur étendue approximative et de leur configuration; on ne peut donc supposer aucune confusion à cet égard, et l'assimilation proposée pour Al-Ramny demeure insuffisante.

D'ailleurs entre Soleïman, qui avait été à Al-Ramny, et Abou-Zeid, qui n'écrivait que d'après des renseignements recueillis, il paraît plus naturel de s'en rapporter de préférence au premier. Édrisi nous dit aussi (1) que la longueur de cette île est de 700 parasanges, ce qui cadre pleinement avec le témoignage de Soleïman. Voudra-t-on faire d'Al-Ramny une portion de Ceylan, en admettant que les Arabes, comme les Chinois de cette époque, divisaient cette île en plusieurs? Cette supposition serait peu admissible; car la relation, en nous disant que Sérendyb est entouré de tous côtés par la mer (2), indique par là que cette île était connue dans toute l'étendue de ses côtes, et dès lors elle devait constituer aux yeux des Orientaux une seule île. Remarquons en outre qu'après avoir décrit les Maldives, Soleïman ajoute : « La dernière de ces îles est Sérendyb, sur la mer d'Herkend; c'est la principale de toutes (3). » Or, si Sérendyb avait répondu pour les Orientaux à plusieurs îles, cette expression serait

(1) Géographie d'Edrisi, trad. de l'arabe par M. Am. Jaubert, t. I, p. 74.

(2) Introduction, p. LXIX.

(3) Relation, trad., p. 5

inexacte, et sa place dans l'exposé sommaire de l'itinéraire ne se comprendrait pas. Car supposons avec M. Reinaud que Ceylan ait été divisé en plusieurs îles dont Al-Ramny ait formé l'une; comme, lorsque Soleïman écrit la phrase que nous venons de citer, il n'a pas encore parlé d'Al-Ramny, il faudrait qu'il eût dit pour être exact : les dernières de ces îles sont Al-Ramny et Sérendyb ; puisqu'il n'a encore nommé que les Maldives. Or, au contraire, il ne mentionne Al-Ramny qu'après Sérendyb ; il faut donc de toute nécessité que, pour lui, cette île ait été située, comme nous l'avons supposé plus haut, au-delà de Ceylan, à l'E., loin d'avoir constitué une partie occidentale de l'île, ainsi que l'assimilation à Manaar et à la côte voisine le ferait supposer.

Les considérations purement topographiques ne sont pas les seules qui nous fassent rejeter l'identification proposée par M. Reinaud; il y en a d'autres non moins décisives. La relation mentionne des camphriers à Al-Ramny : or, il n'y a ni à Manaar, ni à Ceylan, ni sur la côte de Coromandel, de plantations de camphriers. Le *Dryobalanops camphora*, qui donne le camphre, est un arbre qui appartient aux pays des épices, à Sumatra, Malacca, Bornéo; et l'on sait que lors de l'arrivée des Portugais dans la première de ces contrées, ils trouvèrent qu'on y faisait un grand commerce de cette substance végétale. Ce camphre d'Al-Ramny, nommé dans la relation *Fansour* (1), rappelle tout de suite le royaume de Fansour dont parle Marco-Polo, et où se récolte, selon lui, le meilleur camphre du monde (2). D'après la place à laquelle se trouve

(1) Relation, trad., p. 7.

(2) Voyage de Marco-Polo, édit. de la Société de géographie, p. 447.

mentionné ce royaume dans le voyage de ce dernier, on voit que cette contrée se trouvait entre Sumatra et les îles Nicobar, c'est-à-dire qu'elle formait très probablement une partie de l'île de Sumatra. Ce même camphre Fansour est encore cité par Aboulféda (1), comme ayant reçu son nom d'une ville d'El-Fansour, située dans l'île de Djaba. Nous savons, par le voyage d'Ibn-Batouta (2), que les Orientaux donnaient ce nom à Sumatra, qu'ils ont fréquemment confondu avec Java. La latitude 5° qu'assigne Aboulféda à Djaba, et qui correspond à la partie septentrionale de Sumatra, nous confirme dans l'opinion, au reste généralement adoptée, que cette dernière île est la Djaba des Orientaux. Java est au contraire à 6 ou 7° au S. de l'équateur, et la géographie des Arabes fait voir combien peu ceux-ci s'étaient avancés au-delà de la ligne équinoxiale. Ainsi la présence des camphriers nous ramène à l'hypothèse que nous avons proposée plus haut, c'est-à-dire à voir dans Al-Ramny la partie septentrionale de Sumatra. Le docteur Roulin, qui a joint de savantes notes au travail de M. Reinaud, a fait observer que Ceylan est la seule île où se rencontrent des éléphants; et bien qu'il semble, par les expressions dont il se sert, peu éloigné de voir dans Al-Ramny une partie de Sumatra, la mention que fait la relation des éléphants qu'on y trouve, semble l'embarrasser. Toutefois, remarquant que les Hollandais avaient vu dans cette île des éléphants, qu'il n'hésite pas à supposer avoir été apportés d'ailleurs, il ajoute que l'on peut

(1) Abulfedæ opus geographicum ex arab. transl., a D. Reiske, ap. Magazin für die neue Historie und Geographie, Th. IV, S. 277. (Hamb. 1770.)

(2) Ibn Batouta's Travels, transl. by Lee, p. 199.

admettre que les voyageurs arabes ont cru propres à l'île des animaux qui y avaient été amenés (1). Mais ici cet ingénieux naturaliste s'est laissé tromper par une erreur qui paraît s'être accréditée en Europe, et qui est cependant réfutée par le témoignage des voyageurs les plus dignes de foi. Il y a à Sumatra des éléphants sauvages : Marsden (2) et Crawfurd (3) le disent formellement, et l'ivoire forme encore aujourd'hui une branche importante du commerce de cette île. Ce fait, reconnu par Buffon, qui ici ne doit point être accusé d'inexactitude, achève de ramener Al-Ramny à la position de Sumatra. Les trois productions que lui accorde la relation, l'or (4), le camphre et l'ivoire, conviennent parfaitement à cette dernière île. Édrisi (5) nous dit en outre que l'on trouve à Al-Ramny le rhinocéros : or, l'on sait également que cet animal, qui ne se rencontre ni à Ceylan ni dans le Tandjaour, et encore moins à Manaar, est fort commun à Sumatra (6).

La relation parle de la présence à Al-Ramny d'une peuplade anthropophage: mais, ainsi que le fait observer

(1) Tome II. Notes de M. Roulin, p. 62.

(2) Ch. Marsden, History of Sumatra, 3e édit., p. 116, 176.

(3) Cf. Crawfurd, History of indian archipelago, vol. III, p. 428.

(4) L'or que les naturels ramassent au fond des torrents qui, durant la saison diluvienne, sillonnent les flancs des montagnes de Sumatra, forme encore un des principaux commerces de cette île. *Voyez* Campagne de circumnavigation de *l'Artémise*, t. III, p. 12.

(5) Edrisi, Géographie, trad. Jaubert, t. I, p. 74.

(6) Cette île d'Al-Ramny de la relation nous semble identique avec la presqu'île de Riha d'un des voyages de Sindbâd. (*Voy.* trad. Langlès, p. 31.) On voit, en effet, dans le second voyage de ce personnage imaginaire, qu'on se rendait de Ceylan directement à une presqu'île nommée Riha, où l'on voyait de magnifiques arbres à camphre et où on rencontrait le rhinocéros (*Kirkeden*).

judicieusement le docteur Roulin (1), Ceylan n'avait vraisemblablement pas d'habitants cannibales à l'époque où elle était visitée par les Arabes ; tandis que ce fait s'applique parfaitement à Sumatra, dont une des nations les plus anciennes et les plus connues, les Battas, est encore actuellement anthropophage. Ces Battas ont dû être connus de bonne heure par les navigateurs orientaux, puisqu'ils habitaient dans la partie de l'île qui faisait face à Sumatra, ainsi que nous l'apprend João de Barros (2). Aujourd'hui, ils ont été refoulés au centre de l'île. Enfin, pour achever de réunir tous les motifs qui concourent à identifier Al-Ramny à Sumatra, nous ferons remarquer qu'Edrisi (3) dit en parlant de cette île qu'il y avait des châteaux, des villes et des villages fort nombreux, assertion qui ne saurait convenir à Manaar, et qui rappelle le sens malais du nom de cette île elle-même (4). En effet, en malais, *Rami* veut dire peuplé, populeux (5). Peut-être cette circonstance mentionnée par le géographe arabe lui avait-elle valu son nom. Au reste, nous n'avançons cette conjecture qu'avec la plus grande réserve. Il s'offre cependant pour l'assimilation d'Al-Ramny et de Sumatra quelques difficultés que nous ne devons pas dissimuler. Edrisi (6), après avoir dit que cette île est située près de Sérendyb, ajoute qu'on ne compte que

(1) Notes, p. 1.

(2) Eo que vive naquella parte da ilha que cahe contra Malaca, heaquella geraçaõ a que elles chamam Batas os quaes comem carne humana, gente mais agreste e guerreira de todo a terra. — Da Asia. Tome III, part. 1, p. 509.

(3) L. c.

(4) Edrisi écrit *El Ramy*.

(5) Voy. Ellout, Dictionnaire hollandais-malais-français, p. 241.

(6) Trad. cit., p. 76.

trois journées de distance de l'une à l'autre île. Cette évaluation est certainement trop faible, bien qu'avec la mousson, nos bons voiliers d'aujourd'hui puissent faire ce trajet en si peu de temps (1). A l'époque d'Edrisi, il est fort probable qu'il en fallait davantage; nous sommes donc contraint d'admettre une erreur chez le géographe, erreur qui au reste n'aurait rien de bien invraisemblable; car on sait combien les erreurs de ce genre et même de beaucoup plus graves sont répandues chez cet auteur. Une autre évaluation fautive intimement liée à la précédente est la distance de trois journées placée entre El-Binan et Sérendyb. Cette île d'El-Binan est située, d'après lui, au sud d'Al-Ramny. Évidemment, c'est par l'effet d'une première erreur qu'il a commis cette nouvelle inexactitude. Sachant qu'El-Binan était voisin d'Al Ramny, et croyant qu'on ne comptait que trois jours de cette dernière à Sérendyb, Edrisi n'en dut pas compter davantage pour la distance de la première. Il suffit de lire sa géographie pour s'apercevoir qu'il ne se pique pas dans ses évaluations itinéraires de plus de rigueur. Edrisi aurait-il confondu El-Ramny avec une île ou une côte d'un nom analogue, qui aurait été effectivement placée dans le voisinage de Ceylan ? Ce qui viendrait à l'appui de cette supposition, c'est qu'El-Ramny était aussi le nom d'un royaume de l'Inde, et que l'on trouve dans le golfe de Manaar une île nommée Ramisseram, laquelle est située près d'une péninsule qui se termine

(1) Nous lisons, par exemple, dans le voyage de *l'Artémise* que cette frégate, après avoir lutté contre le mauvais temps, et être parvenue à passer la pointe d'Achen le 23 novembre, fut conduite par la mousson du N.-E., le surlendemain matin, en vue de la montagne du Hay-Cook, non loin de la pointe de Galles. *Voy.* Laplace, Voyage de circumnavigation de *l'Artémise*, t. III, p. 53.

par une pointe nommée *Ramen*. C'est précisément le chenal situé entre cette pointe et l'île qui est celui que fréquentent habituellement les caboteurs de ces parages (1).

On peut encore supposer, pour se rendre raison de cette erreur d'Edrisi, que des navires arabes se rendant à Malacca sont arrivés parfois à Sumatra en croyant être dans le voisinage de Ceylan. Les erreurs de ce genre sont extrêmement communes dans ces eaux. La force des moussons, la violence des courants, vous poussent avec une rapidité dont l'estime, seul guide dans ces temps d'ignorance hydrographique, ne saurait vous avertir. Nous ne citerons à l'appui de cette remarque qu'un exemple qui nous est fourni par les Instructions nautiques pour les mers de l'Inde (2). Au commencement du XVIIIe siècle, le navire *le Derby*, capitaine Fitzhugh, se rendant du cap de Bonne-Espérance au Bengale, alla reconnaître les îles qui sont au large de la côte O. de Sumatra par le 1° 23′ lat. S., et les prit pour les Maldives ; il fit route au S. avec des vents variables du S.-O. et du S.-E., et eut connaissance des îles Poggy et Trieste qu'il pensa être l'extrémité S. de la chaîne des Maldives. En continuant à se diriger au S., il eut quelquefois connaissance de la haute terre de Sumatra; enfin, il arriva jusqu'en vue de l'île Claps, sur la côte de Java, poursuivant toujours sa méprise jusqu'à ce qu'il en fût détrompé par un navire qu'il rencontra dans ces parages.

Enfin, on pourrait expliquer d'une troisième façon cette erreur, par la confusion que les Orientaux firent des îles du Zabadj, c'est-à-dire de Java et de Sumatra avec Ceylan. Albirouni nous dit, en effet, que ces îles

(1) Leprédour, Instructions nautiques sur les mers de l'Inde, d'après Horsburgh, t. II, p. 190.

(2) Leprédour, ouvr. cit., p. 194.

étaient aussi appelées *Sourendyb*, c'est-à-dire îles d'Or (1).

Mais il peut paraître superflu de tant s'appesantir sur les raisons qui ont pu occasionner l'erreur d'Edrisi ; le point important à établir, c'est qu'Al-Ramny était le nord de Sumatra, ou même Sumatra tout entière. Quant à la partie de cette grande île visitée par Soleïman, elle ne peut être que le royaume puissant de Pédir, que les Portugais, à leur arrivée dans l'île, trouvèrent constitué depuis longues années, faisant un commerce considérable avec toutes les nations asiatiques (2), et dans lequel étaient de nombreux établissements musulmans, preuve certaine que depuis un laps notable d'années les navires arabes venaient aborder à la côte. D'ailleurs, le témoignage de Masoudi, beaucoup plus éclairé que celui d'Edrisi, confirme pleinement notre supposition. Il nous apprend, en effet (3), que l'on comptait 1000 parasanges de Sérendyb à un autre archipel nommé *Er-Ramin*, et il ajoute, comme Soleïman, ce qui ne permet pas de douter que ces îles ne répondent à notre Al-Ramny, qu'elles renferment beaucoup de mines d'or et sont gouvernées par des rois ; il nous apprend que dans la même mer est la ville de Fansour, qui a donné son nom au camphre, que l'on

(1) Voyez Mémoire de M. Reinaud, Journal asiatique, 4e série, t. IV, p. 26.

(2) Voy. Da Asia *de* João de Barros, t. II, part 2, p. 396 et IV. (Lisboa, 1777) et t. III, part. 1, p. 511. On lit dans ce dernier passage : De todos estes reynos a de Pedir foi o maior e mais celebrado naquellas partes e isto entes que Malacca fosse povoado. E a elles concorriam todalas naos, que hiam do Ponente, e vinham do Levante como a emporio e feira, onde se achavam todalas mercadorias, etc.

(3) El Mas'udi's Historical encyclopædia, transl. from arabic. vol. I, p. 352. London, 1841.

y récolte. Plus loin, il parle encore de l'or des îles Er-Ramin et des éléphants qu'on y rencontre. Ainsi Al-Ramny se retrouve placé dans Masoudi à une distance de Sérendyb qui convient parfaitement à l'éloignement de cette île par rapport à Sumatra, et l'on s'explique dès lors l'étendue qu'Edrisi et Soleïman lui assignent. Les Er-Ramin de Masoudi sont très probablement Sumatra et les îles de la pointe d'Achen et de la côte N.-E.

Une fois l'identité d'Al-Ramni et de Sumatra établie, on s'explique pourquoi la relation ajoute que cette île est mouillée par deux mers, celle d'Herkend et celle de Schelaheth, que nous allons voir n'être autre que le détroit de Malacca ; on conçoit encore pourquoi il est dit que la première des mers que nous venons de citer, celle d'Herkend, est exposée à un vent particulier, celui du N.-O. Cette assertion ne saurait être justifiée si on limitait cette mer entre les Maldives et le pont d'Adam. En effet, ce dernier bras de mer n'est nullement soumis à ce vent, qui n'y souffle, au contraire, que très rarement : car on n'éprouve dans ces parages, en dehors des deux moussons du S.-O. et du N.-E., que des vents fort variables. Mais si on étend la mer d'Herkend jusqu'à la côte de Sumatra et aux îles Nicobar, cette assertion est parfaitement exacte : car sur la côte O. de la première de ces îles règne précisément une mousson particulière, celle du N.-O., qui est généralement très forte depuis octobre jusqu'en janvier et diminue vers mars (1). Aux environs des îles Nicobar, ainsi qu'entre elles et Junkseylon, on a généralement, pendant la mousson du N.-E., un fort courant du N.-O. (2). Ainsi les Arabes désignaient sous le nom

(1) Leprédour, ouvr. cit., t. III, p. 144.

(2) Même ouvrage, t. II, p. 336

de mer d'Herkend celle qui s'étend des Maldives à Sumatra et à l'archipel des Nicobar et des Andaman. Déjà M. Walckenaer avait identifié la mer d'Herkend avec le golfe de Bengale dans la courte analyse qu'il a donnée d'un mémoire, non publié par lui, sur les voyages des Orientaux dans la mer de l'Inde. Le savant secrétaire perpétuel de l'Académie des inscriptions avait donc deviné juste ; et quoiqu'il n'ait pas développé les motifs de son opinion, celle-ci est d'un trop grand poids pour que nous ne nous applaudissions pas de nous trouver d'accord avec elle.

L'île d'El-Binan, mise par Edrisi au S. d'Al-Ramny, doit être cherchée sur la côte N.-O. de Sumatra, située au S. par rapport à la pointe d'Achen. C'est sans doute quelque île ou quelque presqu'île placée dans le voisinage de Sousou et du cap Felix. Peut-être cette El-Binan d'Edrisi n'est-elle autre que l'île d'Alneyan, que la relation mentionne après l'île d'Al-Ramny (1). En effet, il est clair que celle-ci ayant été identifiée avec avec Sumatra, il n'est plus possible de placer, avec M. Reinaud, Alneyan parmi les îles du détroit de Palk ou sur la côte de l'Inde. Ou c'est une des îles qui se trouvent à la pointe d'Achen, telles que Poulo-Way, Poulo-Nancy, Poulo-Rondo, ou c'est une de celles qui appartiennent à la ligne d'îles qui longent la côte N.-O. de Sumatra. Le nom de *Neyan* rappelle le nom de Nias ou Neyas, la principale de cet archipel, et le nom de *El-Binan* lui conviendrait également. C'est dans cette île que les Orientaux viennent depuis longtemps acheter des femmes ; car celles de cette île sont renommées pour leur beauté et fournissent d'épouses beaucoup de peuples asiatiques. En malais, le mot *bini*

(1) Trad. de Reinaud, p. 7.

signifie précisément épouse. Ce que dit la relation des habitants d'Alneyan peut parfaitement s'appliquer d'ailleurs aux îles voisines de Sumatra, dont les populations se nourrissent de cocos et se frottent de l'huile qu'elles en retirent, ainsi que Soleïman le rapporte des insulaires d'Alneyan. De plus, Nias est encore aujourd'hui partagée en un grand nombre de tribus ou de clans sans cesse en guerre les uns avec les autres (1), et cet état d'hostilités continuelles expliquerait l'usage barbare que ces insulaires suivaient pour les mariages. Un usage analogue s'est retrouvé à Bornéo chez des populations issues peut-être de la même origine ou au moins appartenant à la même race (2).

Les îles Lendjebalous qui sont mentionnées dans la relation après celles d'Alneyan répondent assez bien par leur description aux îles Nicobar. Déjà Renaudot, dans les notes jointes à sa traduction (3), avait soupçonné cette identité; mais comme ce savant orientaliste n'avait nullement saisi l'ordre de l'itinéraire, cette détermination ne se raccordait en aucune façon avec les autres qu'il avait tentées. Les motifs qui nous font reconnaître les Nicobar dans les îles Lendjebalous sont les suivants : d'abord comme, après celles-ci, sont mentionnées les Andaman, il fallait nécessairement, pour aller de la côte de Sumatra à ces dernières, toucher aux Nicobar ; ensuite ce qu'on dit de la nudité des habitants, de leur langue particulière, du grand nombre de cocos que l'on rencontre, convient tout-à-fait à ces îles. Quant aux canots faits d'une seule pièce de bois, dont parle la relation, on y reconnaît

(1) *Voy.* D. de Rienzi, l'Océanie, t. I, p. 114, 116.

(2) Voy. Annales des Voyages, t. XXXIX, p. 169, août 1828.

(3) Page 131 de sa traduction.

les troncs d'arbres creusés qui servent d'embarcations aux insulaires de Nicobar et d'Andaman. Les autres détails qui sont relatés peuvent s'appliquer aux habitants de toutes les îles des environs d'Achen : on les représente tous en effet comme méfiants et fourbes, et dans l'usage d'aller au-devant des voyageurs dans leurs pirogues pour leur proposer des échanges (1). L'amiral Laplace, alors capitaine de la frégate *l'Artémise*, a observé à Telloo-Crouet (2) un fait consigné par la relation pour les îles Lendjebalous : c'est l'absence de toute femme. Le fait ne serait pas vrai de nos jours des Nicobar, où le sexe jouit même d'une certaine réputation de beauté ; mais il n'est nullement impossible que cette observation, généralisée par Soleïman, n'ait été faite, comme celle de l'amiral Laplace, que dans une île isolée de cet archipel où des hommes venaient s'établir seulement pour faire des échanges avec les navires qui y passaient en allant ou revenant de Malacca et de la Chine. Une observation consignée dans la relation au sujet des habitants des Lendjebalous convient peu cependant, il faut le reconnaître, aux îles Nicobar. Il y est dit que les habitants sont blancs et ont le poil rare. Or, les habitants des Nicobar, et en général les Malais, sont noirs, de couleur fuligineuse, couleur que la même relation dit précisément être celle des Andamenes. Ce caractère d'une peau blanche et glabre semble indiquer une nation de race chinoise, et il nous paraît vraisemblable qu'elle s'applique à quelques unes de ces îles où des Chinois étaient venus s'établir pour trafiquer. On sait que ce peuple compte beaucoup de ses sujets qui depuis longtemps se sont fixés

(1) Campagne de circumnavigation de la frégate *l'Artémise*, t. III, chap. x.

(2) Même ouvrage, p. 19.

à Sumatra et dans les îles voisines, et c'est peut-être même ces habitants, qui n'auront point amené de femmes avec eux, comme ceux de Telloo-Crouet vus par l'équipage de *l'Artémise,* qui firent consigner l'observation signalée tout-à-l'heure. On sait d'ailleurs que diverses populations de la Malaisie tirent leur origine des Chinois (1), et que plusieurs, tels que les Lampons, rappellent encore dans leurs traits le type de cette nation. Edrisi compte dix journées de Sérendyb à l'île de Lankiâlous, nom qu'il donne aux îles ou à une des îles Landjebalons : avec une forte mousson, il n'en faut pas davantage pour aller de Trinkemale à Car-Nicobar ou de Matoura au canal Saint-Georges. Masoudi (2), en nous disant que les îles El-Jebalous (les Landjebalous) se rattachent aux îles Er-Ramin, achève de nous démontrer l'identité de cet archipel avec celui des Nicobar. Ce qu'il en rapporte est en tout conforme à la relation, et il ajoute que près de ces îles sont les Andaman. Soleïman mentionne aussi ces mêmes îles après les Landjebalous, et leur identité avec celles qui portent actuellement le même nom n'étant l'objet d'aucun doute, et ayant été acceptée par M. Reinaud, nous ne nous y arrêterons pas. L'ordre qu'a suivi dans sa marche Soleïman aurait dû, à ce qu'il nous semble, mettre le savant académicien en garde contre la position fausse qu'il assigne aux Landjebalous. En effet, le voyageur persan, plaçant les îles Andaman au-delà des Landjebalous, et poursuivant son itinéraire après une courte digression, nomme ensuite l'île ou le pays de Kalah-bar. Or, si ce dernier pays se fût trouvé sur la côte de Coromandel, ainsi que le suppose M. Reinaud,

(1) Trad. Jaubert, t. I, p.
(2) Ouvr. cit., p. 352, 353.

comment les navires, après avoir touché la pointe Calymère, où il place les Landjebalous, eussent-ils été aux Andaman, qui en sont éloignées de plus de 12° en longitude, pour revenir ensuite sur la même côte?

Des îles Lendjebalous les navires mettaient à la voile pour le Kalah-bar, qu'Edrisi place à cinq ou six journées de ces îles (1). M. Reinaud met, avons-nous dit, Kalah-bar sur la côte du Coromandel. Le principal motif qui le conduit à cette identification est, après la nécessité d'adapter la marche du navire aux premières déterminations géographiques, la ressemblance du nom de Kalah avec celui de Galle ou Gala donné à la pointe méridionale de Ceylan. Cependant il est facile d'objecter à ce rapprochement que si la pointe de Galles a reçu son nom de l'ancien pays de Kalah-bar, c'était alors l'île de Sérendyb qui portait ce dernier nom, et nullement la partie méridionale du Coromandel, comme le dit M. Reinaud. Mais il nous est maintenant aisé de constater que ni l'une ni l'autre de ces déterminations ne saurait convenir à Kalah-bar, et puisque les navires font voile vers la Chine et qu'ils sont arrivés aux Nicobar et aux Andaman, c'est vers la côte de Malacca qu'il faut aller chercher le pays en question. C'est ce qu'avait fait M. Walckenaer dans la courte mais judicieuse analyse des voyages de Sindbad que nous avons citée plus haut. Cette relation, imaginaire sans doute, mais fondée sur des faits vrais, acquiert une valeur réelle lorsque son témoignage cadre si bien avec la route à laquelle nous avons été forcément conduit. Voici ce qu'elle dit dans un voyage que l'on suppose être fait par Sindbad dans les îles de la Sonde : « Nous ne discontinuâmes de courir d'île

(1) Trad. Jaubert, t. I, p. 77 et 79.

en île, de contrée en contrée, vendant, achetant, échangeant, jusqu'à ce que nous fussions arrivés dans l'île de Nâcous, d'où nous allâmes en six jours à celle de Kélâ; alors nous pénétrâmes dans le royaume de Kélâ. C'est un grand empire limitrophe de l'Inde, dans lequel il y a des mines d'étain, des plantations de cannes de l'Inde et où l'on trouve du camphre excellent. Son roi est un monarque puissant; il gouverne aussi l'île de Nâcous (1). » Ces paroles donnent à penser que Kalah se trouvait situé au-delà de l'Inde, vers les îles de la Sonde, et l'on comprend alors comment il a pu être une dépendance des États du Zabedj, ainsi que le rapporte la relation de Soleïman (2). M. Reinaud, embarrassé de cette circonstance et obligé de la mettre d'accord avec l'itinéraire qu'il a adopté, y voit le résultat de quelque confusion, de quelque erreur (3). Mais lorsqu'on sait qu'Aboulféda (4) et Edrisi (5) placent aussi Kalah près de Sumatra (Java), on est obligé de convenir que la supposition d'erreur est plus difficile; et en présence des faits que nous avons établis, elle devient tout-à-fait inadmissible. Faisons-nous, en effet, une idée exacte de la position de l'empire du Zabedj ou du Maha-Radja. La relation nous dit (6) que cet empire est situé en face de la Chine, et qu'entre sa capitale, la ville du Zabedj, et ce dernier pays, il y a la distance d'un mois de marche par mer, et même quelquefois moins, quand le vent est favorable. Ces détails nous forcent de placer le centre de cet État célèbre dans l'archipel de la Sonde et des Moluques. De plus, la

(1) Les Voyages de Sindbâd le marin, trad. Langlès, p. 73.

(2) Relation, p. 17.

(3) Introduction, p. LXXXIV.

(4) Abulfedæ tabul. geogr., p. 298.

(5) Edrisi, Géogr., p.

(6) Relation, p. 92, 93.

mention que fait la même relation des îles de *Sarbasa* et d'*Alramy* (deux parties de Sumatra) parmi ses possessions, ne laisse plus aucun doute.

La relation de Soleïman nous dit d'un autre côté que ce royaume était à droite, c'est-à-dire à l'est de l'Inde, ce qui répond également à la position que nous lui assignons. Masoudi (1) désigne le Maharadjah sous le nom de roi des îles, et énumérant celle-ci, il nomme Ez-Zanij, Kalah, Sérendyb et d'autres. Enfin Edrisi (2) ajoute : « Sur les rivages de la mer de Senf (que nous allons voir être la mer de Siam et de Cambodge), sont les domaines d'un roi nommé Mihradj, qui possède un grand nombre d'îles bien peuplées, fertiles, couvertes de champs et de pâturages, et produisant de l'ivoire, du camphre, de la noix muscade, du macis, du clou de girofle, du bois d'aloès, etc., qui s'y trouvent et y sont indigènes. » Et plus loin : « Au nombre de ces îles est celle d'Almaïd, dont la population ressemble aux Chinois.... Ces îles sont voisines de la Chine. » Tous ces témoignages s'accordent d'une façon trop frappante pour que nous ne reconnaissions pas facilement que l'empire du Zabedj ou des îles de la Sonde comprenait, à l'époque de la relation, la Malaisie actuelle, et sans doute aussi une partie de la presqu'île de Malacca. Et ici nous différons d'opinion avec le savant géographe dont le court aperçu a été habituellement pour nous un guide si sûr, et nous croyons que c'est à tort que M. Walckenaer fait du Maharadja des voyages de Sindbad, le roi du Dekhan (3). Les rapprochements que nous venons de placer sous les yeux du

(1) El Masudi's Historical Encyclopædia, transl. by A. Sprenger. t. I, p. 187.

(2) Edrisi, Géogr. cit., t. I, p. 89.

(3) Annales des Voyages, 2e série, t. XXIII, p. 15.

lecteur nous semblent ne laisser aucun doute sur la situation réelle de ses États.

Revenons au Kalah-bar, que nous avons dû laisser un instant de côté, pour établir nettement la position de l'empire du Zabedj, auquel il semble lié. Il est à remarquer que Soleïman ne compte qu'un mois de navigation entre ce pays et l'entrée de la mer d'Herkend : distance exacte, car c'est à peu près ce qu'il faut pour se rendre des Maldives à Poulo-Pinang, en allant préalablement toucher la pointe d'Achem. Nous lisons encore dans un autre passage de la relation (1), qu'entre Sérendyb et Kalah se trouve dans la mer de l'Inde, du côté de l'orient, une île nommée Malhan, dans laquelle habite une peuplade noire et anthropophage. Or, à ces seuls caractères, cette île se reconnaît facilement pour une de celles du groupe des Andaman, les Angaman, dont Marco-Polo nous dépeint absolument de même la population. Voici donc encore un nouveau motif de placer Kelah dans la presqu'île transgangétique, sur la côte de Malacca. Un dernier fait, en confirmant cette position, rend extrêmement vraisemblable l'identité du Kalah-bar et de la contrée de Keydah, identité qu'avait admise M. Walckenaer. Ce fait, le voici tel que le rapporte la relation (2) : « Kalah est le centre du commerce de l'aloès, du camphre, du santal, de l'ivoire, du plomb *alcaly*, de l'ébène, du bois du Brésil, des épiceries de tous les genres. » Or, la plupart de ces produits n'appartiennent en aucune façon à la côte de Coromandel, et indiquent au contraire une contrée située du côté de la presqu'île de Malacca, des îles de la Sonde, de Siam, ou de l'empire d'Annam. L'aloès dont il est ici parlé

(1) Relation, p. 20.

(2) Relation, p. 93, 94.

est l'*Aquilaria* ou le *Calambac*, qui ne se trouve guère qu'à Siam et dans l'empire d'Annam (1) ; le bois de Brésil (*Cæsalpinia sappan*) se retire des forêts de l'empire Barman, de Siam, des Philippines (2). L'ébène, quoique fourni par certains arbres de la presqu'île occidentale de l'Inde, est surtout commun aux îles de la Sonde, à Malacca, à Siam, aux Andaman (3), où il fait l'objet d'un grand commerce, depuis longues années. Edrisi parle aussi (4) des mines d'étain et des plantations de camphriers existant à Kalah. Cet étain est le plomb alcaly de la relation. Or, ces deux productions ne sauraient en aucune façon convenir au Coromandel, que nous savons n'avoir jamais été le centre d'aucun commerce étendu d'étain ou de plomb, et bien moins de camphre, l'arbre qui le fournit n'y croissant pas. Nous voyons, au contraire, qu'à l'arrivée des Portugais, l'étain constituait une des branches les plus importantes du commerce du pays de Malacca; qu'il était exporté dans toute l'Asie. Que s'offre-t-il alors de plus naturel, de plus vraisemblable que d'aller chercher dans cette contrée notre Kalah, tout comme le *Calliana* de Cosmas Indicopleustes? Ce dernier nom tire probablement son origine du mot malais *kalang*, étain, que les Portugais prononçaient *kalin*, *in* final était fort sourd, comme la nasale *ng* des Chinois et des Malais ; circonstance

(1) Cf. Endlicher, Enchiridion botanicum, p. 678.

(2) Cf. H. Berghaus, Allgemeine Lander-und-Vœlkerkunde, III. Band, s. 274.

(3) Le nom d'ébène a été donné à plusieurs essences différentes de la famille des ébénacées ; l'*Ebenoxylon* de Loureiro est toutefois celui auquel s'applique le plus généralement ce nom, et il est fort abondant dans la Cochinchine. Cf. Endlicher, *Genera plantarum*, n° 4247, p. 742.

(4) Edrisi, Geogr. cit., p. 80

qui a pu faire tomber cette terminaison pour ne plus laisser subsister que la disyllabe principale *kala*. Au reste, cette étymologie, qu'avait déjà donnée Langlès (1), n'est proposée par nous que sous la forme la plus dubitative. Le point important à constater, c'est la présence des mines d'étain à Kalah, et nous avons encore à l'appui de ce fait le témoignage de Masoudi (2), qui parle des mines d'étain du pays de Kalah et de ses montagnes qui recèlent l'or, l'argent et le plomb. Ces produits minéraux conviennent parfaitement à la province de Keydah (3).

La mer de Kalah-bar ou de Kolah, qui prenait certainement son nom du voisinage de Kalah, mer que nous décrit Masoudi (4), se reconnaît aisément pour celle qui baigne les côtes de Keydah et de Perak, entre le 9° lat. N. et le 4°. Les nombreuses îles, les *Sedadi*, passes ou détroits dont parle cet auteur, sont celles que les Instructions nautiques signalent entre Junkseylon et Poulo-Pinang (5). Les eaux y ont encore de nos jours ce peu de fond, que Masoudi attribue à la mer de Kalah.

La mer de Schelaheth, d'après le nouvel itinéraire que nous avons tracé, ne peut plus être que le détroit de Malacca, c'est-à-dire la mer comprise entre la pointe d'Achen, Junkseylon et Malacca ou Sincapour. Elle se trouve de la sorte séparée de la mer d'Herkend par Sumatra, ce qui fait comprendre, ainsi que nous l'avons remarqué plus haut, pourquoi la relation dit qu'Al-Ramny est baigné par les deux mers. Mars-

(1) Voyages de Sindbâd, p. 156.

(2) Masoudi, ouv. cit., p. 355.

(3) Cf. Newbold, Political and statistical account of the british settlements in the straits of Malacca, t. II, p. 6.

(4) Leprédour, Instr. cit., t. III, p. 463.

den (1), rapprochant le nom de *Selahet* du mot malais *Salat*, détroit, avait déjà soupçonné que cette mer devait être le détroit de Malacca. Edrisi (2) confirme cette identification, car il dit que l'île de Selaha produit le clou de girofle et renferme un volcan. Or, le giroflier n'existe pas plus que le volcan sur la côte de Coromandel; tandis que la présence de cet arbuste et de ce volcan convient parfaitement à Sumatra, entièrement traversé par une chaîne volcanique (3). On trouve, il est vrai, un volcan à Barren-Island, dans l'archipel des Andaman; mais cette île est stérile et inhabitée, et le giroflier n'y vient pas. Dans le voyage de Sindbad(4), nous voyons le prétendu voyageur prendre, conformément à l'assertion d'Edrisi, un chargement de girofle et de cannelle dans l'île de Selahat, et faire voile de là pour les côtes de l'Inde; circonstance qui nous montre assez que Selahat n'était pas sur ces côtes. Edrisi dit d'ailleurs que l'île de Selahat, et une autre qu'il nomme Héridj, sont, ainsi que celle de Djaba (Sumatra), dans le voisinage de Kelah. Ainsi toute espèce de doute est levée, et ces trois îles sont probablement trois points différents de Sumatra. Il n'est donc plus désormais possible de faire, avec M. Reinaud, de la mer de Schelaheth, le détroit de Palk, et il demeure établi, ainsi que l'avait dit M. Walckenaer, que c'était le détroit de Malacca.

Soleïman dit que de Kalah les navires se rendaient à Betoumah, situé à dix journées de distance, et que

(1) History of Sumatra, 3ᵉ édit, p. 4.

(2) Géogr. cit., p.

(3) Cf. E. Chevalier, Géologie et Minéralogie du voyage de *la Bonite*, p. 328.

(4) Voyage de Sindbâd, p. 53.

là ils prenaient de l'eau douce. Edrisi appelle ce lieu Tenoumah. On s'étonne que Renaudot et que M. Reinaud aient pris comme moyen de fixer la position de cette place, une étymologie plus que problématique du nom de Betoumah, incertain lui-même, puisque Edrisi l'écrit *Tenoumah*, fondée sur une tradition plus problématique encore, celle d'un prétendu voyage de saint Thomas à Meliapour. Ce ne sont pas là, à notre avis, des autorités sérieuses. D'après l'itinéraire, tel que nous pensons l'avoir rétabli, Betoumah ou Tenoumah doit être d'abord placé sur la mer de Schelahelt, la relation le dit formellement; ensuite entre Keydah et Sincapour, peut-être à Sincapour même ou sur la côte opposée de Sumatra. Il est impossible, avec des indications aussi vagues que celles que donne Soleïman, de rien préciser à cet égard. De Betoumah, les navires se rendaient en dix jours à Kedrendj. Après avoir longtemps examiné les différentes relâches auxquelles les vaisseaux arabes devaient s'arrêter en sortant du détroit de Sincapour, il nous a semblé que Poulo-Oby, situé par 8° 27″ lat. N., à environ cinq lieues dans le S. de la pointe de Cambodje, répond mieux qu'aucun autre lieu à Kédrendj. C'est, en effet, sur le cap Cambodje que se dirigent encore aujourd'hui les navires qui débouquent du détroit de Sincapour et qui vont vers la Chine. Cette île est formée de montagnes élevées dont la plus haute est placée à son centre, et peut être aperçue à une grande distance. Cette montagne a tout l'air d'être celle que la relation place à Kédrendj. De plus Poulo-Oby est le refuge des familles bannies du continent, et la relation nous dit que les esclaves et les voleurs se sauvent sur cette montagne. Enfin un ruisseau d'eau douce qui descend de celle-ci fournit une excellente aiguade (1). La mer qui baignait cette île doit être la mer de Kerda ou de Kardebindj, que Massoudi place au-delà de la mer de Kalah (2).

De Kedrendj, les navires allaient en dix journées à un lieu nommé Sénef. M. Reinaud a été fort embarrassé pour placer ce Sénef; il semble résulter de ses paroles qu'il le suppose dans les environs du cap Martaban. Mais, outre les considérations précédentes, le témoignage d'Edrisi rend absolument impossible cette assignation; car ce géographe (3) dit que de Senf ou Senfy (le Sénef de la relation) à Loukin, la première des échelles de la Chine, il n'y a que trois journées, et il ajoute que de Loukin à Khan-fou il n'y a que quatre jours. Ce qui ferait en tout sept journées de Sénef à Khan-fou. Or, du cap Martaban à Khan-fou, il y a, au minimum, un mois et demi de navigation. Il faudrait donc prêter à Edrisi une erreur considérable. Aboulféda (4) dit de son côté que Sénef est une des îles de la Chine. La relation nous apprend que l'on exportait de ce lieu l'aloès appelé el-senfy. Edrisi et Aboulféda s'accordent à dire que le bois d'aloès de Senf était le plus estimé. Notre itinéraire nous conduirait à placer Sénef du côté de la Cochinchine. Cette production de l'aloès est tout-à-fait d'accord avec cette assignation. C'est du Laos, du Tsiampa et de la Cochinchine, que vient l'*Aloexylum agallochum* de Loureiro, qui fournit l'aloès le plus estimé (5). Le nom de Senf,

(1) Leprédour, Instr. nautiques cit., t. IV, p. 73.
(2) Masoudi, ouvr. cit.
(3) Géogr. cit., t. I, p. 84.
(4) Aboulféda, ouvr. cit., p. 277.
(5) Endlicher, Enchirid. botanc., l. c.

Senfy, paraît être le même que celui de Tsiampi, Tsiampa, et il y a tout lieu de penser que c'est à cette dernière contrée qu'il faut identifier notre Sénef. C'est le même pays que Marco-Polo (1) a décrit sous le nom de Ciamba, et où il mentionne, d'accord avec les géographes orientaux, l'abondance du bois d'aloès. La place qu'occupe ce Ciamba dans le récit du voyage du Vénitien, aussi bien que celle qu'a Sénef dans notre relation, ne laisse plus aucun doute à cet égard. Masoudi (2) parle de la mer d'Es-Senf qui, d'après la position qu'il lui assigne, paraît répondre au golfe de Siam et aux mers qui le joignent aux archipels des Moluques et de la Sonde. Il ajoute que cette mer s'étend jusqu'à celle de Chine, c'est-à-dire à celle de Sandjy dont nous allons parler.

Ici se présente pourtant une difficulté qui demande un sérieux examen, car elle semble de prime abord apporter une objection capitale à la position que nous avons attribuée à Sénef. Edrisi nous dit (3) : L'île de Senf est voisine de l'île Comar ou Comor; il n'y a que 3 milles d'intervalle. Aboulféda écrit que ces deux îles sont à peine éloignées d'un jour de navigation. Et ailleurs Edrisi dit que les îles El-Roïbahat sont dans le voisinage de l'île Comor (4). Or, ces îles El-Roïbahat se laissent reconnaître, par la description qui en est donnée, pour les Maldives. Plus loin il ajoute, en parlant d'une manière plus précise, qu'il y a un jour de navigation entre l'île Comor et les îles

(1) Voyage de Marco-Polo, édit. cit., p. 440, 441.
(2) Masoudi, ouvr. cit., p. 355.
(3) Edrisi, ouvr. cit., p. 83.
(4) Edrisi, ouvr. cit., p. 67.

El-Roïbahat (1). La relation rapporte, de son côté (2), que le pays de Comar produit l'aloès surnommé *Al-Comâry*, et il dit formellement que c'est une presqu'île et non une île dont la situation fait face au pays des Arabes. Dans le voyage d'Ibn-Batouta (3), il est aussi question de la contrée de *Kamara*, qui produit l'aloès nommé kamari et qui est située dans le pays de *Moul-Djava*. Enfin, dans les voyages de Sindbâd le marin, Senf et Comar paraissent avoir été confondus ensemble; car il y est dit (4) que le bois d'aloès nommé *sany* (c'est une corruption pour sanfy) se trouve dans la presqu'île de Comar. Sérapion (5) avait aussi placé près du cap Comri le lieu où se récolte le bois de saïfi, autre altération pour senfy.

On voit que ces divers témoignages s'accordent peu entre eux. Si l'on suit uniquement les indications d'Edrisi en ce qui touche cette île Comar, on sera porté à voir dans cette péninsule l'extrémité de la presqu'île gangétique, le Travankore, terminé par le cap Comorin, bien que la distance de sept jours paraisse bien forte entre ce cap et les Maldives. Cette identité du Comar et de la partie méridionale de l'Indostan a été admise par tous les orientalistes depuis d'Herbelot, et par M. Walckenaer lui-même. Toutefois cette assimilation ne peut s'accorder avec le voisinage, nous dirions presque la contiguïté, où Edrisi et Abouféda le placent par rapport à Sénef; contiguïté

(1) Edrisi, ouvr. cit., p. 69.
(2) Relation, p. 97.
(3) Travels, translated by S. Lee, p. 201.
(4) Voyages, trad. Langlès, p. 85.
(5) Notes de la traduction Renaudot, p. 144.
(6) Travels, l. c.

que les confusions de Sérapion et du voyage de Sindbâd confirment. De plus, dans le voyage d'Ibn-Batouta Moul-Djava paraît être Siam, la Cochinchine, ou peut-être Java, et ne doit, quelque pays avec lequel on puisse l'identifier, qu'être placé entre Sumatra et la Chine, d'après l'itinéraire du voyage et les termes de la relation (1). Ainsi ces témoignages étant contradictoires, il faut admettre quelque part une erreur considérable.

Il est à remarquer que, dans l'itinéraire de Soleïman et dans le voyage d'Ibn-Batouta, on ne voit pas que les voyageurs se soient rendus en personne à Comar. Il n'en est question dans le voyage du second que d'une manière assez vague, et, dans la relation, c'est Abou-Zéid qui rapporte sur ce pays des récits que rien ne garantit. Ce qu'Edrisi raconte aussi de Comar offre un caractère d'incertitude et de bizarrerie qui doit nous rendre extrêmement circonspect sur la position et même sur l'existence de ce pays. En examinant attentivement les paroles du géographe arabe, on voit que si l'on s'en rapportait aux assertions énoncées dans son livre, au sujet de cette péninsule, on serait conduit aux impossibilités les plus manifestes. Ainsi cette même île ou péninsule de Comar, placée à quelques milles de Sénef, que, dans quelque système qu'on adopte, on est obligé de porter dans la presqu'île transgangétique, se trouve, d'après le même Edrisi, à un jour seulement de Djesta ou Djebesta, sur la côte de Sofala, en Afrique; en sorte qu'il n'y aurait pas eu deux journées de navigation de la côte de Mozambique ou de Zanguebar à celle de la Cochinchine ou tout au moins du Barma; conséquence dont l'ab-

(1) Edrisi, ouvr. cit., p. 69, 78, 79.

surdité suffit pour faire voir combien les idées d'Edrisi au sujet de Comar étaient obscures et contradictoires. Cette confusion provient de ce que le géographe arabe avait adopté le système de Ptolémée, et qu'il s'imaginait que la côte de Zanguebar allait rejoindre la Chine par un continent méridional placé sous la ligne équinoxiale : de la sorte la mer d'Herkend devenait une mer intérieure, et les îles de la Sonde confinaient l'Afrique. Un autre passage d'Edrisi relativement à cette même île de Comar fait voir clairement que telle était sa supposition. « Cette île, dit il, commence auprès des îles Roïbahat et se termine en face des îles de la Chine du côté du nord. » Ces paroles montrent comment cette terre pouvait, dans l'hypothèse des écrivains orientaux, toucher d'un côté aux Maldives et de l'autre à la Cochinchine; et l'on conçoit alors pourquoi nul de nos voyageurs ne l'avait visitée, puisqu'elle n'avait d'existence que dans l'imagination des géographes arabes. Ce que nous lisons dans Marco-Polo nous démontre pleinement que ce pays de Comar est purement imaginaire; car il y est dit (1) que le pays de Comar est une région de l'Inde d'où l'on peut voir de tous côtés le pôle arctique; que c'est une contrée sauvage remplie d'êtres féroces et d'animaux très différents de ceux des autres contrées; que les habitants y ont la figure de singes. La contradiction énorme dans laquelle tombe Aboulféda (2), qui, après avoir dit que Comar n'est éloigné que d'une petite journée de Senf, le place néanmoins sous le 2° latitude, tandis qu'il met Senf sous le 6°, s'explique par les récits fa-

(1) Voyage, édit. de la Société de géographie, p. 464.

(2) Aboulféda, ouvr. cit., p. 277.

buleux et contradictoires que l'on débitait sur ce pays de Comar. On voit de même, par un passage d'Albirouni (1), que la position véritable de Comar était inconnue.

En présence de ces faits, il n'y a donc plus aucune objection à tirer de la position de Comar par rapport à l'un ou l'autre pays, et toute considération relative à cette contrée doit être écartée. Ce n'est pas à dire pour cela que tout ce que l'on a rapporté de Comar fût purement imaginaire; il est probable que tout pays inconnu, nouveau, que les navires désorientés rencontraient vers le sud, était regardé comme appartenant à cette terre mystérieuse, et dès lors une foule de faits observés en des endroits fort divers ont été groupés autour de cette prétendue péninsule. Ainsi pour ne parler que de l'aloès, nommé Al-comary, il est certain que ce bois était apporté de quelque part, et il paraît vraisemblable qu'il venait de Siam, pays voisin du Tsiampa, et riche en aloès moins estimé que celui de Cochinchine. Siam et Comar peuvent avoir été ainsi confondus l'un avec l'autre, bien que fort souvent aussi ce dernier ait été assimilé avec le Travankore ou d'autres contrées (2).

(1) Albirouni, divisant en trois catégories les îles de la mer de l'Inde, celles située à l'orient, celles à l'occident, celle au centre, dit au sujet de ces dernières : Les îles placées au centre sont celles de Ram (Alram) et les Dybadjat. On peut aussi ranger parmi ces îles celle de Comayr. (*Voy.* Journal asiatique, 4e série, tome IV, p. 265, le fragment traduit par M. Reinaud.) Cet *on peut* fait voir qu'on ne savait au juste où la placer, parce qu'on ne l'avait jamais vue. Albirouni, trompé par l'erreur répandue de son temps, la place à côté des Maldives (les Dybadjat) et Sumatra (les îles de Ram).

(2) Edrisi mentionne au nombre des productions de la prétendue

Nous tenons donc la position de Sénef pour solidement établie, et nous reprenons notre itinéraire. De Sénef, les navires arrivaient en dix jours à Sander-Foulat ; nous ne pouvons plus placer cette île à Sincapour avec M. Reinaud, bien que cette assimilation offrît quelque vraisemblance. Edrisi nous dit que Sender-Foulat est très grande, qu'elle est entourée du côté de la Chine de montagnes d'un difficile accès, et où soufflent des vents impétueux; il la nomme une des portes de la Chine, et compte de cette place à Sénef la même distance que la relation. Il nous semble vraisemblable que cette île ou cette presqu'île, les Arabes ne distinguaient pas à cet égard, doit être placée sur la côte de Cochinchine, vers le cap Varela, à Ong-ro, situé au S. de ce cap; il y a en effet une bonne aiguade près de ce port, ou plutôt encore à Phuy-en, par 13° 23' lat. N., port excellent depuis longtemps fréquenté, situé à environ 5 milles de l'île Maignia, abrité par les montagnes du côté de la Chine (1). Sander-Foulat et Sénef doivent d'ailleurs avoir été situés dans le même État, puisqu'Edrisi désigne leur roi du même nom, *Ranid* (2).

île de Comar le cocotier, la canne à sucre et le bétel, qu'il nomme *tanboul*, et qu'il décrit si exactement qu'il n'est pas possible de le méconnaître. Le *Piper betle* se trouve sans doute abondamment à Ceylan et sur la côte de Malacca ; mais il est à remarquer qu'il est aussi très répandu à Siam, où il est l'objet d'un grand commerce. (*Voy.* Turpin, Histoire civile et naturelle de Siam, t. I, p. 232, 233). Ainsi cette circonstance nous semble plutôt confirmative de notre assimilation du *Comar* réel à Siam, que favorable à celle de ce pays avec le Travankore, où le bétel n'est pas à beaucoup près aussi répandu, et il est à noter qu'Edrisi dit que le *tanboul* est la plante la plus abondante de l'île.

(1) Leprédour, Instr. cit., t. IV, p. 77, 79.

(2) Edrisi, Géogr. cit., p. 84, 90

Les navires entraient ensuite dans la mer de Chine, et franchissaient les portes de la Chine. Ces portes, dit la relation, consistent dans des montagnes baignées par la mer, et entre lesquelles sont des ouvertures par lesquelles passent les navires. C'est-à-dire que ces portes n'étaient autres que des îles fort rapprochées et élevées, ou au moins qui paraissaient telles, car les îles semblent souvent en mer beaucoup plus hautes qu'elles ne le sont réellement. Edrisi compte douze de ces îles. Le célèbre hydrographe D'Après de Mannevillette, a décrit la route que les navires suivaient alors, avec des circonstances assez précises pour qu'il nous soit facile de reconnaître celle que Soleïman désigne dans son récit. Mannevillette suppose que les navires se rendent directement de la Cochinchine à la Chine, et il est en effet fort probable que les navires arabes ne fréquentaient pas le golfe du Tonkin, lequel est d'une navigation difficile, et ne longeaient pas la côte de ce pays, ce qui eût singulièrement retardé leur route. Nous laissons parler Mannevillette (1) : « Au lieu d'aller au Tonkin, si la destination était pour la Chine, il faudrait ranger la côte de la Cochinchine, ensuite remonter à la vue des îles Campella avant de traverser l'île d'Hainam. Par cette route on prévient l'effet des courants qui, sortant du golfe du Tonkin, portent vivement à l'E. pendant la mousson du S.-O. De la vue de ces îles on cinglera au N.-E.-N., pour reconnaître la côte S.-E. d'Hainam. On voit d'abord l'île Tinhosa,

(1) Neptune oriental, texte, col. 160. Nous abrégeons le texte de Mannevillette en ne rapportant que ce qui importe à notre détermination. *Voy.* aussi Laplace, Voyage de *la Favorite*, t. II, p. 270, 271.

sur la partie O. de laquelle est une montagne escarpée, et l'on aperçoit sur l'île d'Hinam trois montagnes élevées. 8″ au N.-E.-N. de Tinhosa on découvre Tinhosa-falsa; contre l'une et l'autre sont des îles couvertes de montagnes hautes, quoique moins élevées que les précédentes. On arrive ensuite à Poulo-Taya, puis à Sanciam. »

Nous reconnaissons dans ces îles nombreuses et élevées les portes de la Chine. M. Reinaud, tout en plaçant dans ces parages les mêmes portes, n'avait rien dit de bien précis sur leur position.

Telles sont les rectifications importantes qui nous semblent devoir être faites à l'itinéraire proposé par M. Reinaud. Nous avons essayé de retrouver la véritable position des lieux indiqués dans la relation de Soleïman. Résumons maintenant brièvement la route que, d'après les recherches précédentes, les navires avaient coutume de tenir de Syraf à Khan-fou.

Dans l'ignorance où l'on était alors de l'hydrographie des mers de l'Inde et de la Chine, on ne pouvait guère naviguer qu'avec la mousson la plus favorable. Les lieux où abordaient les navires devaient être toujours les mêmes; les mêmes côtes devaient être annuellement visitées. Cette considération est une de celles qui nous firent penser que la route suivie dans ces mers, lors du voyage de Marco-Polo, lors de ceux des Portugais et des Hollandais, mais en sens inverse, aux XVIe et XVIIe siècles, était celle que la pratique des bâtiments arabes et persans avait adoptée bien antérieurement. Et comme dans l'itinéraire donné par M. Reinaud nous ne voyions figurer aucun des lieux qui, à cette époque, étaient les plus fréquentés par les peuples musulmans, tandis que des places qu'ils visitaient peu alors leur étaient substituées, nous avons dû supposer qu'il y avait là quelque erreur. Comment croire, en effet, que les voyageurs arabes ne nous aient rien dit de Malacca, de Sumatra, devant lesquels ils passaient nécessairement pour aller en Chine, et dans les ports desquels ils étaient forcés d'aborder? Cette seule observation n'est-elle pas faite pour jeter des doutes sur un itinéraire où ces contrées ne sont pas même mentionnées?

Au contraire, l'itinéraire tel que nous le concevons n'offre pas cette lacune; il est d'ailleurs beaucoup plus simple. Les navires descendaient de la côte occidentale de l'Inde par la mousson du N.-E. vers décembre, et arrivaient en janvier près de Ceylan. La relation nous dit, en effet, qu'entre Mascate, Koulam-Malay et la mer d'Herkend il y a environ un mois de navigation. Ils doublaient la pointe de Galles (1), après avoir, probablement, préalablement reconnu le cap Comorin, en quittant les Maldives; ils arrivaient à Sumatra vers la fin de février ou les premiers jours de mars, époque à laquelle commence à souffler avec moins de vio-

(1) D'après notre itinéraire, on voit que les navires ne passaient pas le détroit de Palk que leur fait traverser M. Reinaud. Ce détroit est d'un passage difficile et dangereux, et il est peu probable qu'il ait été fréquenté par les Orientaux. Un passage d'Edrisi (Géogr., trad. franç., t. I, p. 76) nous confirme dans cette opinion. Ce géographe dit que pour aller de l'île de Balanc ou Balabac qui est située entre Ceylan et la côte de l'Inde, sans doute Manaar, à la Chine, on laisse l'île de Sérendyb à sa droite. Cette remarque, qu'il ne fait nulle part ailleurs, nous fait supposer que, pour les autres navigations, on laissait ordinairement Sérendyb à gauche, c'est-à-dire que l'on doublait la pointe de Galles.

lence la mousson du N.-O., que l'on rencontre en s'approchant de cette île. De la sorte les navires ne touchaient en aucune façon la côte de Coromandel. Cette route directe est encore celle qu'indique Mannevillette (1). Cet hydrographe prescrit, en effet, aux navires qui quittent Ceylan d'aller reconnaître les îles situées au nord d'Achen, en conservant autant que possible la latitude 5° 50′, avant d'aller à la rade de Keydah. De la pointe d'Achen les navires arabes se rendaient à Malacca par la mousson du S.-O., la plus favorable pour cette navigation; cette mousson se déclarant vers le mois d'avril. Ils passaient au S. des Nicobar ou dans les canaux qui sont entre ces îles et la petite Andaman, ou entre Poulo-Rondo et la grande Nicobar. S'il ventait grand frais du S.-O. au N.-S.-O., ils s'approchaient des îles Nias, qui sont en dehors de la pointe d'Achen, ce que font encore aujourd'hui les marins. De Malaca ils se rendraient, par le détroit de ce nom, à la côte de Cambodje, qu'ils longeaient, ainsi que celle de Cochinchine, jusqu'à la hauteur de Phu-yen, d'où ils se dirigeaient directement vers la Chine, poussés par la mousson du S.-O., et arrivaient vers juin ou juillet.

En naviguant à cette époque dans la mer de Chine, les navires évitaient ainsi les ty-fongs, qui ne se déclarent guère qu'au mois de mai, et les tempêtes, qui ne deviennent fortes et fréquentes qu'à partir de juillet.

Tel est l'itinéraire qui nous paraît être celui qui ressort de la relation de Soleïman; déjà M. Walckenaer l'avait tracé en quelques uns de ses points, et il est

(1) Neptune oriental, col. 130.

probable que si ce savant géographe, accordant à son travail un plus grand développement, eût approfondi la question, il aurait rendu inutiles les recherches que nous avons entreprises ici. Nous devons le reconnaître, afin de ne pas nous attribuer un mérite qui lui revient de droit, et afin qu'on sache que nous n'avons eu pour but que de fortifier par de nouveaux rapprochements, par des preuves nouvelles, les déterminations qu'il avait tout d'abord établies.

Alfred Maury.

PARIS. — IMPRIMERIE DE BOURGOGNE ET MARTINET,
Rue Jacob, 30.

www.ingramcontent.com/pod-product-compliance
Ingram Content Group UK Ltd.
Pitfield, Milton Keynes, MK11 3LW, UK
UKHW022002260726
13994UKWH00004B/1912